ICH MAG MYTHOLOGIE

Die Arbeiten des Herakles

Text: Anastasia D. Makri
Illustration: Akis Melachris

Aus dem Griechischen von
Sabine Manske und Danae Nadja Loisou-Manske

UNTER DER SCHIRMHERRSCHAFT VON

UNESCO
United Nations
Educational, Scientific
& Cultural Organization

ΟΜΙΛΟΣ ΓΙΑ ΤΗΝ UNESCO ΝΟΜΟΥ ΠΕΙΡΑΙΩΣ & ΝΗΣΩΝ
CLUB FOR UNESCO OF THE DEPARTMENT OF PIRAEUS & ISLANDS
Πέτρου Ράλλη 210 & Θησέως 1 Νίκαια,
Τηλ.: 210 4967757, Fax: 210 4944564 - www.unescopireas.gr e-mail: unescop@otenet.gr

AGYRA
publications

Herakles

Herakles, der berühmte Held, war der Sohn des Zeus und der Alkmene, die mit Amphitryon, dem König von Tiryns, verheiratet war. Die Göttin Hera war sehr eifersüchtig auf Herakles, weil er das Kind ihres Mannes von einer anderen Frau war. Daher machte sie es sich zum Ziel, ihn zu beseitigen, und schickte zwei Giftschlangen an seine Wiege. Aber Herakles war schon so stark, dass er die Schlangen mit seinen kleinen Händen erwürgte.

Die Jahre vergingen und Herakles wurde zu einem sehr starken jungen Mann. Ein Freund des Herakles war Thespios, der König von Theben. Die Thebaner waren dazu verpflichtet, jedes Jahr Steuern an das Königreich Orchomenos zu zahlen. Aber Herakles gelang es nicht nur, die Gesandten zu verjagen, sondern auch, den Thebanern zu helfen, deren Armee zu besiegen. Der König von Theben war begeistert und gab ihm seine Tochter Megara zur Frau. Herakles und Megara bekamen drei gut

aussehende Söhne. Die Eifersucht von Hera aber wuchs ständig.

Also beschloss sie, ihn durch Zauberei in den Wahnsinn zu treiben. Das Ergebnis war, dass Herakles in seinem Wahn seine drei Söhne umbrachte. Als ihm seine Untat bewusst wurde, packte ihn die Verzweiflung und er sperrte sich tagelang ohne Nahrung und Wasser in seinem Zimmer ein. Eines Morgens jedoch stand er auf und machte sich auf den Weg zum Orakel von Delphi. Dort erhielt er die Weissagung, dass er, um für seine schlimme Tat zu büßen, zehn Jahre lang dem König Eurystheus dienen müsse – ein bauernschlauer Mensch, der ihm zwölf Arbeiten auftragen werde. Wenn er diese bewältigen werde, würden ihm die Götter vergeben, was er getan hatte.

Erste Arbeit

Die erste Arbeit, die ihm Eurystheus auftrug, bestand darin, den Löwen von Nemea zu erlegen, der für Angst und Schrecken in der Umgebung sorgte. Herakles suchte tagelang nach dem Löwen. Eines Abends hörte er ein Brüllen und plötzlich stand der Löwe vor ihm. Herakles schoss sofort mit seinen Pfeilen auf ihn. Aber die Haut des Löwen war so unverwundbar, dass sie nicht den kleinsten Kratzer darauf hinterließen. Da stürzte sich Herakles auf ihn und schlug mit aller Kraft mit seiner Keule auf ihn ein. Der Löwe war benommen und so gelang es Herkules, ihn zu überwältigen und ihm das Genick zu brechen. Dann zog er ihm das Fell ab und legte es sich über die Schultern, wobei er den Löwenkopf auf seinen Kopf setzte. Als der König ihn sah, wäre er beinahe vor Angst gestorben. Als er wieder zu sich kam, trug er ihm die zweite Arbeit auf, nämlich die Hydra zu töten.

Zweite Arbeit

Die Hydra war eine Bestie mit neun Köpfen voller Gift. Sie lebte im Sumpf von Lerna. Diesmal nahm Herakles seinen Neffen Iolaos mit. Als sie am Sumpf ankamen, warteten sie längere Zeit, aber die Hydra ließ sich nicht blicken. Da nahm Herakles die Pfeile aus seinem Köcher, steckte sie einen nach dem anderen in Brand und schoss sie in das trockene Schilf. Nach kurzer Zeit stand es in Flammen.

Plötzlich sprang die Bestie wütend hervor und stürzte sich auf Herakles. Er griff nach seinem Schwert und begann, ihr die Köpfe abzuschlagen. Aber an Stelle jedes abgeschlagenen Kopfes wuchsen zwei neue nach. Da steckte Herakles seinen Speer in Brand und griff die Bestie noch einmal an. Immer wenn er einen Kopf abschlug, brannte er die Wunde am Hals aus, damit keine neuen Köpfe nachwachsen konnten. So gelang es ihm zu guter Letzt, die Hydra zu töten.

Sobald er bei Eurystheus ankam, trug dieser ihm die nächste Arbeit auf – er sollte einen Eber einfangen, ein Wildschwein, das auf dem Berg Erymanthos lebte.

Dritte Arbeit

Dieser Eber besaß enorme Kräfte und hinterließ Verwüstung, wo immer er auftauchte. Herakles hatte große Mühe, seinen Spuren zu folgen, denn der Pfad den Berg hinauf war lang und steil. Als er ihn aber fand, jagte er ihn viele Tage lang und,

als es ihm gelungen war, ihn zu erschöpfen, fing er ihn ein und trug ihn lebendig auf seinen Schultern nach Mykene. Sobald der König Eurytheus ihn zu Gesicht bekam, versteckte er sich wiederum vor Angst in einem großen Tonkrug. Als er wieder zu sich gekommen war, trug er Herakles seine nächste Arbeit auf.

Vierte Arbeit

Die vierte Heldentat des Herakles war, eine Hirschkuh mit goldenem Geweih einzufangen, die die Göttin Artemis von allen Tieren am liebsten hatte. Ein ganzes Jahr lang bemühte sich Herakles vergeblich, sie zu fangen – bis er eines Tages in der Nähe des Flusses Ladonas etwas in der Sonne glänzen sah. Herakles erkannte, dass es sich um das goldene Geweih der Hirschkuh handelte, die er jagte,

und er schoss einen Pfeil ab, wodurch er die Hirschkuh leicht an den Beinen verletzte. In dem Moment aber, als er sie sich auf die Schultern laden wollte, erschien Artemis mit vor Wut funkelnden Augen vor ihm. Da blickte Herakles ihr furchtlos ins Gesicht und erklärte ihr, dass er gut auf ihre Hirschkuh aufpassen werde und dass er sie, sobald Eurystheus sie gesehen habe, freilassen werde. Daraufhin beruhigte sich die Göttin und ließ ihn seines Weges ziehen.

Als er bei Eurystheus ankam und ihm die Hirschkuh zeigte, trug dieser ihm sofort die nächste Arbeit auf.

Fünfte Arbeit

Die fünfte Arbeit des Herakles bestand darin, innerhalb eines Tages die Stallungen des Augias auszumisten.

Helios, der Vater des Augias, hatte ihm so große Viehherden geschenkt, dass es den Hirten unmöglich war, die Stallungen zu säubern, was dazu führte, dass die gesamte Umgebung unerträglich stank. Herakles wurde klar, dass er, um diese Arbeit zu bewältigen, nicht nur seine Hände, sondern auch seinen Verstand benutzen musste. So grub er zwei Gräben, die bis zu den Flüssen Alpheios und Peneios reichten. Daraufhin ließ er das Wasser der Flüsse durch die Gräben laufen. Das Wasser floss durch die Stallungen, riss die Misthaufen mit sich und spülte sie ins Meer. Ein weiteres Mal hatte Herakles sein Ziel erreicht.

Sechste Arbeit

Die sechste Arbeit war, einen Schwarm furchtbarer Raubvögel zu töten: die Stymphalischen Vögel, die das Vieh in Stücke rissen. Manchmal fraßen sie sogar Menschen.

Ihre Schnäbel und ihre Flügel waren aus Eisen und sie lebten an dem See Stymphalia. Herakles hatte zwei metallene Klappern dabei, die ihm die Göttin Athene gegeben hatte, um

ihm zu helfen. Als er an dem See ankam, schlug er sie gegeneinander. Die Vögel kamen durch das Getöse aufgeschreckt aus ihrem Versteck hervor und Herakles erlegte sie mit seinen Pfeilen. Diejenigen Vögel, die den Pfeilen entkamen, flohen und ließen sich nie wieder blicken.

Siebte Arbeit

Als Herakles zum König Eurystheus zurückkehrte, brachte er ihm einen der getöteten Raubvögel mit. Der König verlor keine Zeit und trug ihm seine nächste Arbeit auf, nämlich den großen weißen Stier einzufangen, der Minos, dem König von Kreta, gehörte.

Als Herakles auf Kreta ankam, empfing ihn der König herzlich und, als er von seinem Vorhaben erfuhr, erklärte er ihm, dass der Stier ein äußerst wildes Tier sei, das Menschen töte und die Insel verwüste.

Sobald Herakles den Stier in einem Olivenhain fand, versuchte er, sich auf seinen Rücken zu schwingen, aber der Stier sah ihn und stürzte sich auf ihn. Seine Nasenlöcher stießen Feuer aus. Herakles ergriff ihn bei den Hörnern. Der Stier kämpfte wild, aber zu guter Letzt sank er erschöpft zu Boden. Und so gelangte Herakles auf dem Rücken des Tieres über das Ägäische Meer nach Mykene.

Als Eurystheus den Stier erblickte, erschrak er ein weiteres Mal zu Tode und trug Herakles eilig seine nächste Arbeit auf: Er sollte die menschenfressenden Pferde des Königs Diomedes einfangen und ihm bringen.

Achte Arbeit

Das Königreich des Diomedes befand sich in Thrakien. Dieses Mal nahm Herakles auch vier seiner Freunde mit. Als sie ankamen, nahm der König sie freundlich

auf, aber Herakles traute ihm nicht im Geringsten. Deshalb erklärte er seinen Gefährten, dass sie sich noch am selben Abend mit den Pferden davonmachen müssten. Aber Diomedes bemerkte sie und verfolgte sie mit seinen Soldaten. Was er besser nicht hätte tun sollen, denn in Kürze waren sie alle tot. Diomedes wurde von Herakles selbst getötet und anschließend den Pferden zum Fraß vorgeworfen. Da diese nun gesättigt waren, gehorchten sie Herakles, der sie vor den Wagen des Diomedes spannte, und alle zusammen kehrten schneller als der Wind zurück.

Neunte Arbeit

Die nächste Arbeit, die der König Eurystheus Herakles auftrug, war, ihm den Gürtel der Hippolyte, der Königin der Amazonen, zu bringen. Die Amazonen waren wilde Kriegerinnen, mit denen sich niemand anzulegen wagte. Herakles nahm einige seiner Gefährten mit. Unter ihnen befanden sich Theseus, Telamon und Peleus. Als sie im Königreich

der Amazonen ankamen, empfingen diese sie freundlich. Und als Herakles der wunderschönen Hippolyte erklärte, dass er gekommen sei, um ihren Gürtel zu holen, sah sie ihn mit unendlicher Bewunderung an und wollte den Gürtel abnehmen und ihm geben. Die Göttin Hera platzte geradezu vor Wut, weil Herakles ein weiteres Mal sein Ziel erreichen würde. Deshalb verkleidete sie sich als Amazone und verbreitete unter den Amazonen das Gerücht, dass Herakles plane, ihre Königin gefangen zu nehmen.

Damit begann das Gemetzel. Die Amazonen griffen Herakles und seine Gefährten an und die Schlacht nahm ihren Anfang. Am Ende kam es zu einem Zweikampf zwischen Herakles und Hippolyte, in dem er sie schließlich besiegte. Daraufhin übergab sie ihm ihren Gürtel, um von ihm freigelassen zu werden. Anschließend traten alle gemeinsam völlig erschöpft den Heimweg an.

Zehnte Arbeit

Herakles fand jedoch keine Zeit zum Ausruhen. Eurystheus befahl ihm sofort, den dreiköpfigen Riesen Geryones zu suchen und ihm seine Rinder herbeizuschaffen.

Geryon lebte auf einer Insel nahe der Küste Afrikas und hatte einen Hund mit zwei Köpfen und einer Schlange als Schwanz. Die Reise dorthin war lang und anstrengend.

Der Gott Helios hatte Mitleid mit Herakles und, um ihm zu helfen, schickte er ihm eine Seerose, die er als Boot benutzen konnte. Als Herakles ankam, entdeckte er Geryones, aber bevor er dazu kam, seiner Tiere habhaft zu werden, griff ihn der wilde Hund an. Da schlug Herakles mit seiner Keule so fest auf ihn ein, dass er im selben Augenblick tot zusammensank. Anschließend erschoss er Geryones mit einem vergifteten Pfeil. Daraufhin lud Herakles die Rinder auf das Seerosen-Boot und trat seinen Weg zum Palast des Eurystheus an.

Elfte Arbeit

Die nächste Arbeit, die der König Herakles auftrug, war, ihm Kerberos, den Hund, der die Unterwelt bewachte, zu bringen.

Diese Arbeit war sehr schwierig. Zum Glück aber zeigten ihm die Götter Hermes und Athene den Weg und nach einer langen und traurigen Reise, kamen sie an dem heiligen Fluss Styx an. Dort trafen sie Charon, der sie mit seinem Boot zu Hades brachte. Als dieser, der auch Pluton genannt wurde, den Grund für Herakles' Besuch erfuhr, war er gar nicht begeistert. Aber nach vielem Bitten von Seiten Herakles' und dem Versprechen, gut auf seinen Hund aufzupassen, erlaubte er ihm, ihn mitzunehmen.

Kerberos stand am Tor zur Unterwelt. Er hatte drei Köpfe, jeder mit einer Mähne aus Schlangen. Als er Herakles sah, stürzte er sich auf ihn. Diesem aber gelang es nach mehreren Stunden harten Kampfes, ihn erschöpft niederzuringen, und so konnte er ihn mit sich nehmen.

Zwölfte Arbeit

Zehn Jahre waren vergangen... Die letzte Arbeit, die der König Herakles auftrug, bestand darin, ihm drei der Äpfel vom Baum der Hesperiden zu bringen, der sich am Ende der Welt befand. Dort trug der Gigant Atlas den Himmel auf seinen Schultern. Als Herakles ankam, bat er Atlas um Hilfe. Da erklärte ihm dieser, dass er erst den Drachen, der den Baum bewache, töten und dann wieder zu ihm zurückkehren müsse. Herakles fand den Drachen, tötete ihn und kehrte zu Atlas zurück, der ihm mitteilte, dass nur er selbst die Äpfel der Hesperiden vom Baum pflücken könne. Also nahm Herakles den Himmel auf seine Schultern, damit Atlas die Äpfel holen könne. Atlas brachte in der Tat die Äpfel, erklärte

aber Herakles, dass er selbst zu Eurystheus gehen werde. Da wurde Herakles sein Trick klar: Er hatte vor, ihn für immer an seinen Platz stehen zu lassen. Ohne sich etwas anmerken zu lassen, bat er also Atlas, ihm zu zeigen, wie er den Himmel besser stützen könne, damit sein Rücken nicht so ermüde. Atlas war einverstanden. Da ließ Herakles ihn an seinem Platz stehen und machte sich auf den Weg nach Mykene.

Eurystheus war nicht besonders erfreut, als er Herakles wohlbehalten und unbeschadet zurückkehren sah.

Herakles aber war mit allen Arbeiten fertig. Die Götter vergaben ihm das Unheil, das er seinen Kindern angetan hatte. Er war nun in der ganzen Welt für seine Heldentaten berühmt und die Menschen respektierten und liebten ihn.

1.

2.

3.

4.

5.

6.

Zwei der sechs Details entsprechen nicht dem oberen Bild. Kannst du herausfinden, welche das sind?

Mal die Flächen mit den Punkten schwarz aus,
um zu sehen, was hier abgebildet ist!

Kannst du herausfinden, welcher
Schatten Geryones gehört?

F	K	O	S	N	O	A	Q	P	Ö	G	H	T	R
D	G	I	W	Y	S	Z	F	G	L	K	I	A	E
L	P	B	G	C	T	K	E	R	B	E	R	O	S
A	E	B	E	R	I	Ü	H	J	E	P	S	L	K
Ä	F	Q	R	L	E	T	E	G	A	Ö	C	M	P
P	S	H	Y	D	R	A	N	D	M	X	H	E	F
F	T	E	O	A	X	T	S	V	A	P	K	T	E
E	V	I	N	J	C	Ä	U	E	Z	A	U	W	R
L	Ö	W	E	H	R	E	I	N	O	J	H	P	D
A	G	X	S	N	U	A	C	P	N	O	K	U	E
W	E	V	E	B	N	S	Q	G	E	L	I	V	G
N	L	J	S	T	A	L	L	U	N	G	E	N	C

Hier sind waagerecht und senkrecht zwölf Wörter versteckt, die mit den Arbeiten des Herakles zu tun haben. Kannst du sie finden?

Jeweils zwei der abgebildeten Wildschweine sind gleich.
Eins bleibt übrig. Kannst du es entdecken?

Verbinde die Punkte von 1 bis 44, um zu sehen,
worauf Herakles hier zielt!

Kannst du die 10 Unterschiede zwischen dem
Bild und seinem Schatten finden?

Welche Zahlen entsprechen der Keule und der Axt,
sodass die Rechnung aufgeht?

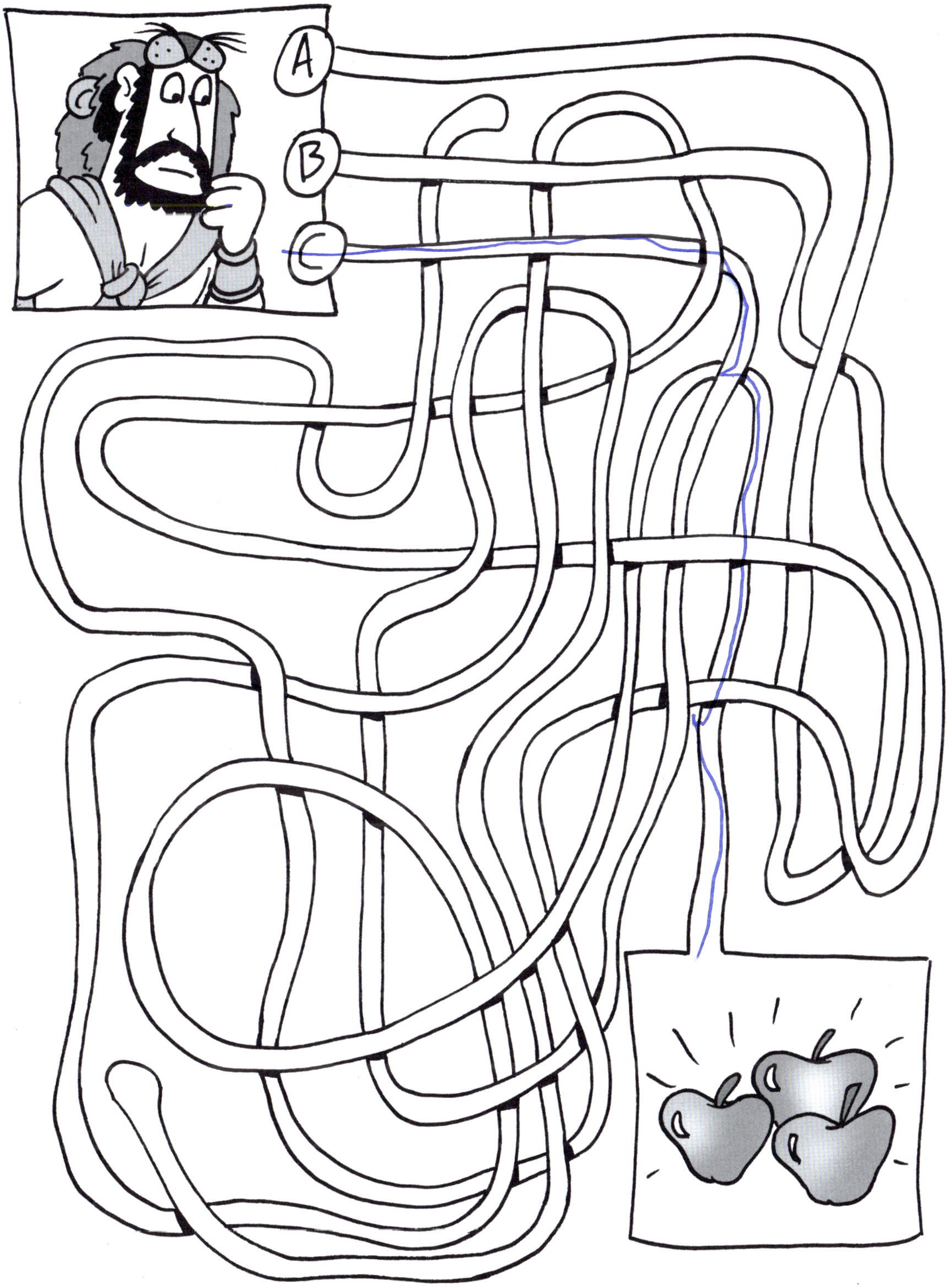

Welchem Weg muss Herakles folgen, um zu
den goldenen Äpfeln der Hesperiden zu gelangen?

Finde die notwendigen Additionen, Subtraktionen, Divisionen und Multiplikationen, ohne die Reihenfolge der Zahlen zu verändern, sodass du als Ergebnis die Zahl 6 erhältst!

Auf den Abbildungen 2 und 3 gibt es je 3 Unterschiede gegenüber dem ersten Bild. Kannst du sie finden?

Bring die Buchstaben in die richtige Reihenfolge, um herauszufinden, wer sich im Tonkrug versteckt!

Jeweils zwei der abgebildeten Stymphalischen Vögel sind gleich. Einer bleibt übrig. Kannst du ihn entdecken?

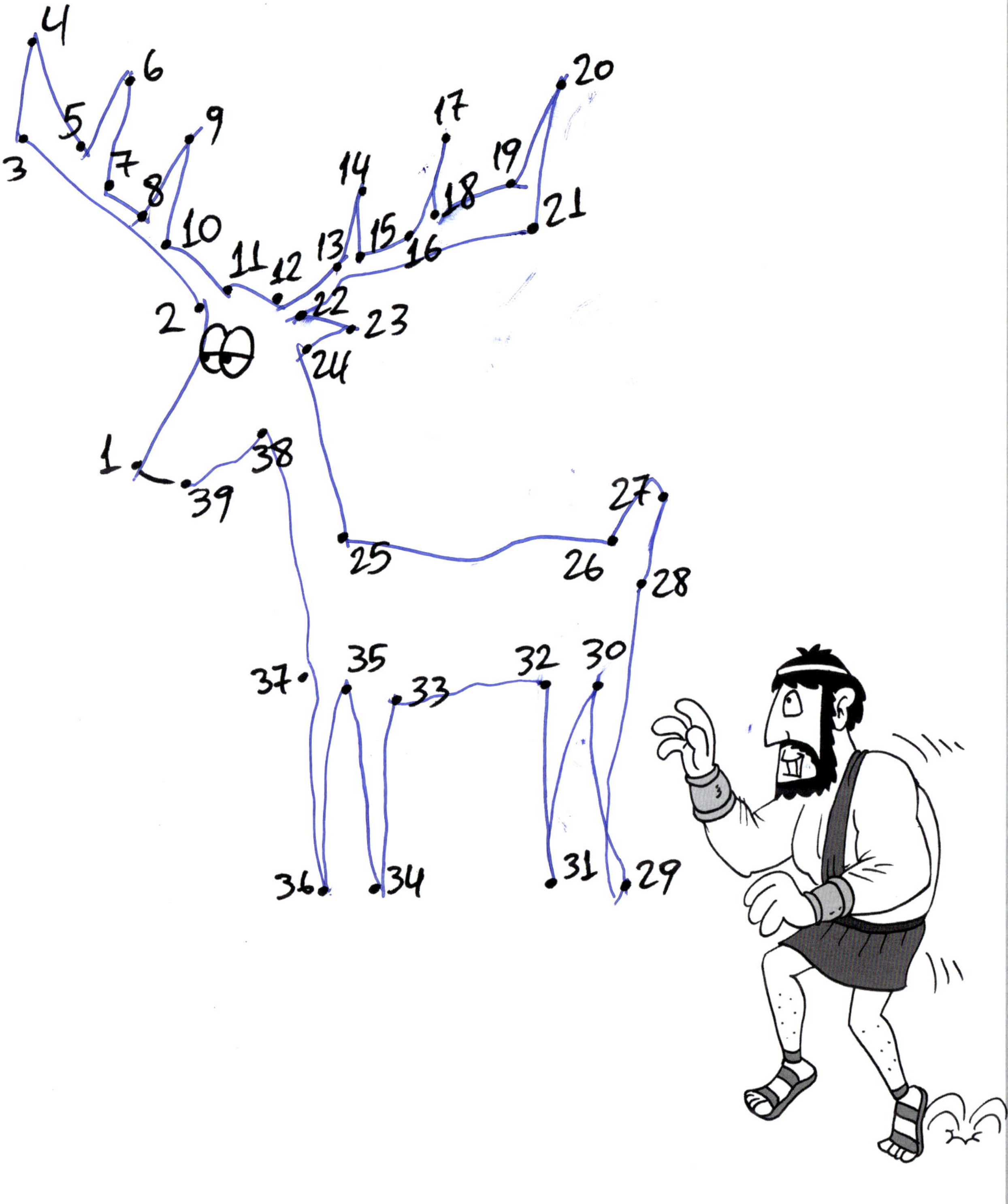

Verbinde die Punkte von 1 bis 39, um zu sehen,
was hier abgebildet ist!

Kannst du herausfinden, welcher
Schatten Herakles gehört?

LÖSUNGEN

S. 17 die Details 1 und 3

S. 18

S. 19 der Schatten 5

S. 20

S. 21

S. 23

S. 24 die Keule = 6, die Axt = 2

S. 25 dem Weg A

S. 26 5 x 8 : 4 - 7 + 3 = 6

S. 27

S. 28 EURYSTHEUS versteckt sich im Tonkrug.

S. 29

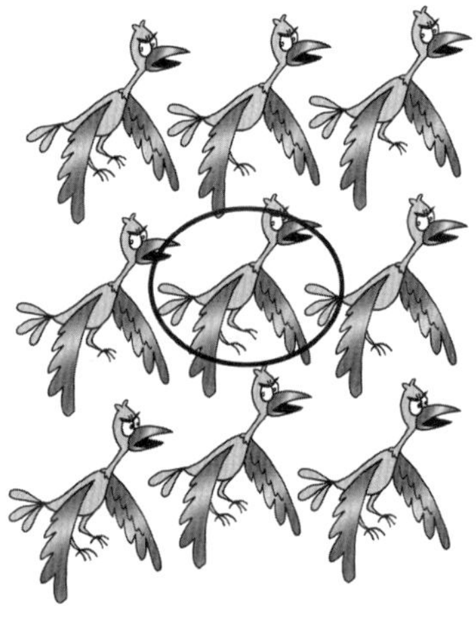

S. 31 der Schatten 2

Umschlag und Gestaltung: Efthimis Dimoulas

The present edition, July 2017
L.-Katsoni-Str. 271, Ag. Anargiroi, PLZ 135 62 Athen, Griechenland
Tel.: +30 210 2693800-4, Fax: +30 210 2693806-7, E-Mail: info@e-agyra.gr, www.e-agyra.gr

ISBN 978-960-547-146-0

Printed in Greece